LA DISCAPACIDAD Y ALGUNOS DE SUS PROBLEMAS

LA DISCAPACIDAD Y ALGUNOS DE SUS PROBLEMAS

TOMÁS LOZANO MOLINA
Notario Público 10 de la Ciudad de México

tirant lo blanch
Ciudad de México, 2025

En caso de erratas y actualizaciones, la Editorial Tirant lo Blanch publicará la pertinente corrección en la página web www.tirant.com/mex/

Este libro será publicado y distribuido internacionalmente en todos los países donde la Editorial Tirant lo Blanch esté presente.

El contenido de los documentos que conforman esta obra es responsabilidad exclusiva de los autores y no representa en forma alguna la opinión del Colegio de Notarios de la Ciudad de México.

© Primera edición abril de 2025
DR ® Tirant lo Blanch
Avenida Tamaulipas 150, oficina 502
Hipódromo, Cuauhtémoc, 06100, Ciudad de México
Teléfono +52 1 55 65502317
informex@tirant.com
www.tirant.com/mex/
www.tirant.es
Librería virtual: www.tirant.es
ISBN España: 979-13-7010-101-5
MAQUETA: Innovatext

DR ® 2025 Colegio de Notarios de la Ciudad de México
Instituto de Investigaciones Jurídica del Notariado
Río Tigris 63, Cuauhtémoc, 06500, Ciudad de México
Teléfono 55 5511 1819
ISBN México: 978-607-7873-75-4

Impreso y hecho en México

Si tiene alguna queja o sugerencia, envíenos un mail a: *atencioncliente@tirant.com*. En caso de no ser atendida su sugerencia, por favor, lea en *www.tirant.net/index.php/empresa/politicas-de-empresa* nuestro Procedimiento de quejas.

Responsabilidad Social Corporativa: *http://www.tirant.net/Docs/RSCTirant.pdf*

Índice

LA DISCAPACIDAD Y ALGUNOS DE SUS PROBLEMAS

Tomás Lozano Molina
Notario 10 de la Ciudad de México

Corruptissima re publica plurimae leges[1]

El tema que nos ocupa es delicado. Se han modificado leyes y se han hecho adecuaciones para cumplir con los compromisos que México ha asumido al suscribir diversas convenciones internacionales. Muy preocupante es el exceso de leyes que existen sobre este tema, por lo que es aconsejable hacer una compilación de los ordenamientos legales que permitieran su fácil consulta y aplicación. Muchas disposiciones regulan temas parecidos y la aplicación y cumplimiento de tantos ordenamientos resulta complicado y poco efectivo.

En nuestro sistema federal, la distribución de las materias está regulada por la Constitución, la cual precisa la competencia de la federación y lo que incumbe a los estados. Respecto a los tratados y convenios es pertinente destacar que algunos están a la par de la Constitución, por lo tanto, también son norma suprema que debemos acatar. Así, el artículo 4. ° de nuestra

---

1 Muchas leyes hay, cuando el Estado es corrupto.

Carta Magna determina que, como esta, los tratados en materia de derechos humanos son ley suprema.

La Convención de Viena sobre el Derecho de los Tratados, en la parte III: "Observancia, aplicación e interpretación de los tratados", obliga a los estados a cumplirlos y dispone que así debe ser a pesar de que existan normas internas contrarias a ellos.[2]

En su Observación General núm. 31 (2004), el Comité de Derechos Humanos destacó expresamente el importante rango de los tratados internacionales de derechos humanos, que

> [...] se deriva directamente del principio contenido en el artículo 27 de la Convención de Viena sobre el derecho de los tratados, con arreglo al cual un Estado parte "puede no invocar las disposiciones de su derecho interno como justificación de su falta de aplicación de un tratado". Se señaló que ese principio "se aplica con el fin de evitar que los Estados parte invoquen disposiciones del derecho constitucional u otros aspectos del derecho interno para justificar una falta de cumplimiento o de aplicación de las obligaciones dimanantes del tratado.[3]

Cabe reflexionar lo siguiente: toda reforma constitucional debe ser aprobada por una mayoría calificada del Congreso de la Unión: dos terceras partes, y además por la mayoría de los congresos locales de los estados, mientras que un tratado o convenio internacional que México suscriba para ser obligatorio debe ser aprobado por el Senado, lo que implica que una norma del rango de la Constitución puede ser válida con otro procedimiento. Además, estas convenciones sobre derechos humanos —como veremos— obligan a jueces, magistrados y ministros a

---

2 Artículo 26. Todo tratado en vigor obliga a las partes y debe ser cumplido por ellas de buena fe.
Artículo 27. El derecho interno y la observancia de los tratados. Una parte no podrá invocar las disposiciones de su derecho interno como justificación del incumplimiento de un tratado. Esta norma se entenderá sin perjuicio de lo dispuesto en el artículo 46.

3 https://amnistia.codhem.org.mx/wpcontent/uploads/sites/4/2022/04/PanelIV_Observacio%CC%81nGeneral31_Comite%CC%81DH.pdf

estar sobre lo que cualquier ordenamiento pueda señalar, por lo que nos encontramos frente a un orden jurídico supranacional.

A fin de cumplir con la Convención de los Derechos de las Personas con Discapacidad (2006), llevada a cabo en Nueva York, nuestro país —aunque tarde— ha empezado a reformar y adecuar ciertos ordenamientos legales, en primer lugar, la promulgación del Nuevo Código Nacional de Procedimientos Civiles y Familiares (norma adjetiva), y recientemente (noviembre del presente año 2024) el Código Civil para el Distrito Federal (norma sustantiva).

La capacidad y protección de las personas con discapacidad, minusvalía, edad y salud están reguladas por leyes federales y locales que implican que esta materia queda regulada por diversas normas, tanto federales como locales. En lo relativo a los derechos de las personas con discapacidad, las normas deberán ser uniformes y adecuarse a la Convención de Viena, ya que los tratados deben cumplirse y no cabe invocar normas internas, para que no se apliquen.

El tema de la discapacidad es regulado por diversas convenciones, tratados y leyes, entre otras: Constitución de los Estados Unidos Mexicanos; Declaración Universal de Derechos Humanos; Convención de los Derechos de las Personas con Discapacidad; Reglas de Brasilia sobre el Acceso a la Justicia de las Personas en Condición de Vulnerabilidad; Pacto Internacional de Derechos Económicos, Sociales y Culturales; Pacto Internacional de Derechos Civiles y Políticos; Convención Interamericana contra toda Forma de Discriminación e Intolerancia; Protocolo de San Salvador; Ley de Asistencia Social; Ley Federal para Prevenir y Eliminar la Discriminación; Ley de los Derechos de las Personas Adultas Mayores; Ley de Reconocimiento de los Derechos de las Personas Mayores y del Sistema Integral para su Atención, de la Ciudad de México; Convención sobre la Eliminación de todas las Formas de Discriminación contra la Mujer (CEDAW, por su siglas en inglés); Convención sobre los Derechos del Niño; Convención contra la Tortura y otros Tratos o Penas Crueles, Inhumanos o Degradantes; Convención

Internacional sobre la Eliminación de Todas las Formas de Discriminación Racial (CERD); Convención Internacional sobre la Protección de los Derechos de Todos los Trabajadores Migratorios y sus Familias (CRMW); Convención Internacional para la Protección de Todas las Personas contra las Desapariciones Forzadas (CED); Pacto Internacional de Derechos Civiles y Políticos (CCPR); Constitución Política de la Ciudad de México; Ley General para la Inclusión de las Personas con Discapacidad; Ley para la Integración al Desarrollo de las Personas con Discapacidad, de la Ciudad de México; Ley de Atención Prioritaria para las Personas con Discapacidad y en Situación de Vulnerabilidad en la Ciudad de México; Ley del Sistema de Planeación del Desarrollo de la Ciudad de México; Ley del Derecho al Bienestar e Igualdad social para la Ciudad de México; Ley Constitucional de Derechos Humanos y sus Garantías, de la Ciudad de México; Ley de Accesibilidad para la Ciudad de México; Ley para Prevenir y Eliminar la Discriminación, de la Ciudad de México; Ley de Participación Ciudadana, de la Ciudad de México; Ley de Asistencia e Integración Social para el Distrito Federal; Estatuto Orgánico del Instituto las Personas con Discapacidad, de la Ciudad de México; Convención Interamericana para la Eliminación de todas las Formas de Discriminación contra las Personas con Discapacidad y Programa de Acción para el Decenio CIADDIS-PAD, Código Nacional De Procedimientos Civiles y Familiares; lo que implica una complejidad enorme para poder determinar el ordenamiento, su jerarquía y la forma adecuada de su aplicación.

El tema de la discapacidad en el ámbito jurídico ha evolucionado con el paso del tiempo; por la obligatoriedad de los tratados ha implicado cambios y modificaciones en la doctrina, jurisprudencia y leyes. El tema es de enorme interés y se percibe la evolución que ha tenido en todos los países, logrando que en la Convención se plasmaran muchas de las ideas y deseos de los países que la firmaron.

Es encomiable que se señale y mande que todo ser humano, por el hecho de serlo, tiene dignidad, la que se debe respetar y honrar. Que todos somos iguales y ante la ley gozamos de los mismos derechos y obligaciones. Que no hay distingo en ello por razón de raza, sexo, creencia o ideología. Que todos pertenecemos al mismo género y, por lo tanto, no debe existir diferencia alguna.

En la Convención se indica, además, que la discapacidad es un fenómeno que se presenta como otros, que evoluciona, se modifica con el paso del tiempo y que exige comprensión y entendimiento. Que varía en el tiempo, cultura y momento. Que se va transformando, pero que todos contamos con los mismos derechos, carencias y obligaciones, los cuales pueden tener y reflejar distintos matices. Que debemos ser tolerantes e incluyentes y no excluyentes como aconteció en el pasado. Que la ciencia y la tecnología avanzan y nos da herramientas para entender al ser humano, su evolución, sus carencias, limitaciones, angustias y necesidades, y que las situaciones cambian.

Los datos de discapacidad son abrumadores: más de 1 billón de personas tienen o padecen alguna discapacidad. De suma importancia y trascendencia es lo que se ha logrado al incorporar a la educación general a los menores que padecen de alguna discapacidad, porque todas las personas tenemos los mismos derechos y, por tanto, tenemos que ser incluidos y aceptados por los demás. Antes, a los niños que padecían de alguna discapacidad se les ocultaba, se les reprimía, se les guardaba como si tuvieran algo contagioso. Los familiares se avergonzaban y ocultaban el problema provocando que estas personas fueran marginadas. Contamos con ejemplos aterrantes. En diferentes culturas de la antigüedad, quien nacía con una discapacidad se le mataba. En otras épocas se ocultaban o se mercantilizaban para ser exhibidos en circos y otros eventos con la consecuente falta de respeto a la dignidad que todo ser merece. En otro momento se atribuyó la discapacidad a pecados o mal comportamiento de los padres. Afortunadamente, hemos avanzado y la situación ha mejorado.

En el presente documento me referiré a la discapacidad jurídica, tema complicado a resolver, ya que los cambios adoptados por la Convención rompen con doctrinas, leyes y jurisprudencia. Ofrece muchas aristas, dudas, controversias y diversidad de opiniones. La discapacidad no es igual, no se presenta de la misma forma en las personas que la padecen, y tiene matices que impiden que la norma sea aplicable de forma general. Cada caso plantea problemas diversos; es casuístico, por lo que resulta complicada su solución. Se podrán dar directrices, ideas, normas generales pero el problema radica en su aplicación. Bienvenida la idea de la igualdad, el respeto a la dignidad de la persona, pero como se ha mencionado, cada situación es diversa y requiere de análisis y adecuación en forma individual. Es fácil decir que no se dé la sustitución, que cada persona tome sus decisiones —con el riesgo que esto implica—, que se respete su voluntad atendiendo a su deseo, y no se tome en cuenta el interés superior a juicio de otros; que se solicite el apoyo a fin de que la persona con discapacidad pueda comprender, entender y ser libre de tomar la decisión que le convenga, aunque implique riesgos.

Reitero: resulta muy complejo el tema a tratar. Pensar que en cada caso sea el juez quien deba resolver, tampoco es la mejor solución. Los jueces tienen que allegarse de información, valoración, estudios, dictámenes de terceros que permitan conocer, tener una idea de la situación que la persona guarda, que le permitan conocer sus límites, sus facultades, sus deseos, aspiraciones, costumbres y forma de vivir.

Como la Convención determina, se pretende que sea la persona quien tome sus propias decisiones, sin necesidad de ayuda, a menos que la solicite. Se intenta que no exista sustitución sino apoyo. El planteamiento no resulta tan sencillo como se expone. Podemos observar que muchas veces las personas con discapacidad la reflejan o exterioriza en determinados ámbitos: el aspecto afectivo, monetario, sensorial, artístico, etc. El artículo 12 de la Convención indica que se deben respetar las decisiones que la persona tome porque es libre y tiene capacidad; es ella quien debe hacerlo, aunque no resulte ser la mejor decisión, no lo que otros consideren mejor o más beneficioso.

En el actuar jurídico es donde resulta complicado, y a veces riesgoso, aceptar lo que la Convención manda. Pongamos varios ejemplos: apertura de cuentas bancarias, de inversión y girar contra ellas. La persona puede hacerlo según convenga, pero vemos que si su discapacidad es en el ámbito financiero podrá malgastar sus recursos porque no cuenta con el suficiente discernimiento para hacerlo. La guía de la Convención y los lineamientos que se han emitido indican que basta con el apoyo que las instituciones deben proporcionar, y de los que en su caso presten el apoyo, para que sea el sujeto quien tome libremente su decisión, lo que no resulta tan sencillo y puede prestarse a abusos. Se puede apreciar que aquél que sufre de alguna discapacidad mental es influenciable, puede convertirse en pródigo y acabar en un momento con su patrimonio y ahorros.

El derecho debe tutelar y dar normas supletorias en aquello que el hombre no haya previsto y regulado, siempre y cuando no sean temas de orden público o violenten derechos de otras personas. Se reconoce el principio de la autonomía de la voluntad en aquellas materias en que el hombre puede expresar lo que desee, y si no lo hace se apegará a lo regulado por la ley, lo que equivale a que quien no haya optado por regular lo que desee, quedará sometido a la norma general; no haciendo nada, eligió la *norma supletoria*.

CONVENCIÓN

Para comprender y entender lo que la Convención quiere es preciso entrar en ella y saber lo que dispone. Reconoce que la discapacidad es un concepto que evoluciona; no puede ser rígido, sino que depende del entorno imperante y varía según el tipo de sociedad. Se pretende dar una mayor igualdad de oportunidades a las personas con discapacidad. Que la discriminación contra cualquier persona, por razón de su discapacidad, constituye una vulneración de la dignidad y el valor inherentes del ser humano. Que hay diversidad de personas con discapacidad. Que es necesario promover y proteger los derechos humanos de todas las personas con discapacidad, las que siguen encontrando barreras para participar en igualdad de condiciones con las demás; asimismo, se siguen vulnerando sus derechos humanos en todo el mundo. Reconoce la importancia de la cooperación internacional para mejorar las condiciones de vida de las personas con discapacidad en todos los países; también la importancia que para las personas con discapacidad reviste su autonomía e independencia individual, incluida la libertad de tomar sus propias decisiones, y la importancia de la accesibilidad al entorno físico, social, económico y cultural, a la salud y la educación, y a la información y las comunicaciones, para que puedan gozar plenamente de todos los derechos humanos y las libertades fundamentales. Que los familiares de las personas con discapacidad —y ellas mismas— deben recibir protección y asistencia necesarias para que puedan contribuir a que estas personas gocen de sus derechos plenamente y en igualdad de condiciones.

Discriminación por motivos de discapacidad. Cualquier distinción, exclusión o restricción que tenga el propósito de obstaculizar o dejar sin efecto el reconocimiento, goce o ejercicio, en igualdad de condiciones, de todos los derechos humanos y libertades fundamentales en los ámbitos político, económico, social, cultural, civil o de otro tipo, incluye todas las formas de discriminación, entre ellas la denegación de ajustes razonables.

De acuerdo con lo previsto en el artículo 12, los Estados que aceptan la Convención asumen obligaciones, como reconocer la personalidad jurídica, en igualdad de condiciones, de las personas con discapacidad; quedan obligados a adoptar medidas pertinentes para proporcionarles acceso al apoyo que puedan necesitar en el ejercicio de su capacidad jurídica. Deben asegurar que se faciliten salvaguardas adecuadas y efectivas para impedir abusos a fin de que en el ejercicio de la capacidad jurídica se respeten los derechos, la voluntad y las preferencias de la persona. Que no haya conflicto de intereses ni influencia indebida. Que estén sujetas a exámenes periódicos por parte de una autoridad o un órgano judicial competente, independiente e imparcial.

De la guía 19, y algunas observaciones, se aprecia que muchos de estos se refieren y mencionan problemas de tipo sensorial. Lo que estamos tratando aquí es la discapacidad y su ejercicio en materia jurídica. Hasta qué punto la contraparte: el prestatario del servicio tiene facultad de evaluar los actos que la persona discapacitada pretende llevar a cabo. Es muy fácil decir que todos tenemos capacidad de actuar, pero hay límites, situaciones que pueden resultar conflictivas cuando la persona no puede manifestar claramente lo que desea. Aceptar su actuación puede poner en riesgo o peligro a otras personas, a su patrimonio y violentar derechos que competerían a otros, etc. No existe una normatividad clara que precise o determine el actuar. No se puede brindar una solución general, los casos son casuísticos y cada uno ofrece peculiaridades distintas, además de que la discapacidad no es la misma. En el actuar deberemos evaluar, justificar, ponderar el acto a realizar y precisar el porqué. En otros casos se deberá acudir forzosamente al órgano judicial.

Cuando se trata de derechos personalísimos se requiere que el individuo tenga plena conciencia del acto a ejecutar, y no se puede consentir que ella realice cualquier acto cuando se aprecie que exista una minusvalía que le impida actuar, tomando una decisión voluntariamente y de acuerdo con su manera de vivir. Así, una persona que sufre de demencia senil no puede tomar ciertas decisiones, tiene nublado el entendimiento, y sería peligroso y dañino permitir o tolerar que actuara libremente. Cuando el grado de deterioro le impida expresar su voluntad será el juez quien determine los actos que la persona puede realizar, pero cuando son personalísimos no cabe la sustitución.

El artículo 12[4] y las observaciones del Comité indican las pautas que todos los Estados que firmaron en la Convención deben aceptar como ley suprema. Haré un breve resumen de lo que dicho precepto establece:

---

4 https://www.un.org/esa/socdev/enable/documents/tccconvs.pdf

Igual reconocimiento como persona ante la ley; reconocimiento de su personalidad y capacidad jurídica en igualdad de condiciones con las demás, en todos los aspectos de la vida (1 y 2). Obligación de proporcionar medidas de apoyo (3) para el ejercicio de su capacidad jurídica; verificar que se proporcionen salvaguardas adecuadas y efectivas para impedir los abusos en materia de derechos humanos a fin de respetar los derechos, la voluntad y las preferencias de la persona (4), que no haya conflicto de intereses ni influencia indebida, que sean proporcionales y adaptadas a las circunstancias de la persona; derecho a ser propietarias y heredar bienes, controlar sus propios asuntos económicos y tener acceso en igualdad de condiciones a préstamos bancarios, hipotecas y otras modalidades de crédito financiero, velar por las personas con discapacidad para que no sean privadas de sus bienes de manera arbitraria (5), acceso a la justicia (artículo 13).

De lo anterior destaca el reconocimiento a la capacidad jurídica; que no habrá sustitución de la voluntad del discapacitado, debiendo existir apoyos y salvaguardas; evitar la influencia indebida, y solamente en casos extremos será el juez quien indique las medidas necesarias que deberán revisarse periódicamente.

En las Observaciones Generales[5] que el Comité ha tomado al correr del tiempo, en la número 1 (2014) y en la número 6 (2018), que derivan de diversas consultas y foros, se dan pautas para comprender el alcance de ese artículo.

En la introducción de la primera se señala que no se ha comprendido, en general, que el modelo de la discapacidad basado en los derechos humanos implica pasar del paradigma de la adopción de decisiones sustitutiva a otro que se base en el apoyo para tomarlas.

En el párrafo primero reconoce la personalidad jurídica que todo ser tiene; el párrafo segundo, relativo al distingo de la capacidad mental y la jurídica, es donde empiezan los problemas.

---

[5] http://www.convenciondiscapacidad.es/observaciones/

En ellas se indica que la capacidad jurídica incluye la capacidad de ser titular de derechos y la de actuar en derecho. Esta concede a la persona la protección plena de sus derechos por el ordenamiento jurídico. La capacidad jurídica de actuar en derecho reconoce a esa persona como actor facultado para realizar transacciones y para crear relaciones jurídicas, modificarlas o ponerles fin. Es lo que se conoce como la capacidad de ejercicio, que antes de la Convención se podía ejercer por las personas con discapacidad, por la sustitución que ejercía el tutor, de acuerdo con los actos permitidos o autorizados por el juez.

Comenté que es aquí donde empiezan los problemas porque en los actos que se pretendan realizar, forzosamente se tendrá que tomar en cuenta la comprensión y entendimiento de la persona. Tan es así que aun cuando haya apoyos, y ni con el auxilio de éstos, se llegue a la comprensión plena se tendrá que solicitar la intervención judicial.

El numeral 7 impone a los Estados parte a examinar toda su legislación para asegurarse de que el derecho a la capacidad jurídica de las personas con discapacidad no esté limitado de modo distinto al de las demás personas. Históricamente, las personas con discapacidad se han visto privadas en muchas esferas, de manera discriminatoria, de su derecho a la capacidad jurídica en virtud de regímenes basados en la sustitución en la adopción de decisiones como la tutela, la curaduría y las leyes sobre la salud mental, que permiten el tratamiento forzoso. Esas prácticas deben ser abolidas a fin de que las personas con discapacidad recobren la plena capacidad jurídica en igualdad de condiciones con las demás.

En el numeral 13 —muy importante— se precisa que la capacidad jurídica y la capacidad mental son conceptos distintos. La capacidad jurídica es la capacidad de ser titular de derechos y obligaciones (capacidad legal) y de ejercer esos derechos y obligaciones (legitimación para actuar). La capacidad mental se refiere a la aptitud de una persona para adoptar decisiones; naturalmente varía de una persona a otra, y puede ser diferente para alguien en función de muchos factores, entre ellos ambientales y sociales.

En el numeral 14 se indica que la capacidad jurídica es un derecho inherente reconocido a todas las personas, incluidas las que tienen alguna discapacidad, y cuenta con dos facetas: la primera es la capacidad legal de ser titular de derechos y de ser reconocido como persona jurídica ante la ley. Ello puede incluir, por ejemplo, el hecho de tener una partida de nacimiento, de poder buscar asistencia médica, de estar inscrito en el registro electoral o de poder solicitar un pasaporte. La segunda es la legitimación para actuar con respecto a esos derechos y el reconocimiento de esas acciones por la ley. Este es el componente que frecuentemente se deniega o reduce en el caso de las personas con discapacidad.

En pocas palabras, la capacidad jurídica significa que todas las personas, incluidas las personas con discapacidad, tienen la capacidad legal y la legitimación para actuar simplemente en virtud de su condición de ser humano.

Jorge Alfredo Domínguez Martínez cita a Bernardo Moreno Quezada:

> quien deja clara la distinción entre capacidad en general, capacidad de goce (o jurídica) y capacidad de ejercicio (o de obrar). La capacidad de obrar, en cambio, supone aptitud para ejercitar de manera eficaz actos jurídicos, lo que se traduce en la adquisición o actuación de derechos y en la asunción de obligaciones [...]. La capacidad jurídica, como atributo esencial de la persona humana, la tienen todos y es igual para todos, por lo que se ha dicho que es una capacidad abstracta y uniforme para todos. La capacidad de obrar, en cambio, como supone aptitud para ejercitar de manera eficaz actos jurídicos- derivándose esta eficacia de un actuar de la voluntad del sujeto tras conocer la realidad sobre la que se actúa que implica un cierto desarrollo psíquico-puede verse modificada por razones de protección de la persona que sufre incapacidad para la autogestión de sus intereses, bien por razón de edad o de enfermedad, procurándose mecanismos de protección a dicho sujeto.[6]

---

6 Jorge Alfredo Domínguez Martínez, *Incapacidad de ejercicio y discapacidad* (México: Escuela Internacional de Derecho y Jurisprudencia, 2023) pág. 55.

Como señala el tema del ejercicio, la facultad de obrar por uno mismo es donde se da el problema. El notario español José Ángel Martínez Sanchiz dice: "y debo confesar que en este tema mis dudas son mayores. No es cosa sencilla ni el plano conceptual ni el humano. Desde el punto de vista conceptual surgen las siguientes cuestiones ¿la voluntad ha de ser racional? ¿la nula conciencia de la enfermedad convierte la voluntad en inconsciente?".[7]

El numeral 15 señala que en la mayoría de los informes de los Estados parte que el Comité ha examinado se mezclan los conceptos *capacidad mental* y *capacidad jurídica*, de modo que cuando se considera que una persona tiene una aptitud deficiente para adoptar decisiones —a menudo a causa de una discapacidad cognitiva o psicosocial— se le retira, en consecuencia, su capacidad jurídica para adoptar una decisión concreta. Esto se decide simplemente en función del diagnóstico de una deficiencia (criterio basado en la condición), o cuando la persona adopta una decisión que tiene consecuencias que se cree son negativas (criterio basado en los resultados), o cuando se considera que la aptitud de la persona para adoptar decisiones es deficiente (criterio funcional). Este supone evaluar la capacidad mental y denegar la capacidad jurídica si la evaluación lo justifica.

El tema es muy complejo; vale ver los comentarios que hace Ángel Sánchez Hernández:

> La Convención alude a la capacidad jurídica y al ejercicio de la capacidad jurídica, lo cual es suficiente para distinguir entre capacidad jurídica y capacidad de obrar, pero, aunque no fuese así, no es motivo para obligar a los Estados Partes a prescindir de tan útil distinción, aunque prevalezca el sistema de apoyo basado en la asistencia —en el que prima la curatutela—sobre el de sustitución —en el que se impone la tutela—, que resulta más acorde con la libertad y dignidad de la persona, debiendo de acudirse a la sustitución para los casos extremos de ausen-

---

[7] José Ángel Martínez Sanchis, *La autonomía de las personas con discapacidad* (Santa Cruz de Tenerife: Kinnamon, 2023) pág. 41.

> cia de autogobierno, y prevaleciendo siempre el interés de la persona con discapacidad.[8]

Cita luego a Montserrat Pereña Vicente, en lo siguiente "Es decir, que la Convención no pretende imponer a todos los Estados que sustituyan sus propias instituciones por otras, sino que lo que pretende es que cada estado respete sus postulados y principios, pero sin imponer determinadas instituciones".

APOYOS

El numeral 16 señala la obligación de proporcionar a las personas con discapacidad acceso al apoyo que sea preciso para el ejercicio de su capacidad jurídica. El 17 indica que el apoyo debe respetar los derechos, la voluntad y las preferencias de las personas con discapacidad, y nunca debe consistir en decidir por ellas.

Apoyo es un término amplio que engloba arreglos oficiales y oficiosos de distintos tipos e intensidades. Se señala en esta misma fracción el derecho de regular lo que una persona desee en caso de presentarse una discapacidad, señalando la posibilidad de planificar anticipadamente, y expresar su voluntad y preferencias, las cuales deberán respetarse en caso de encontrarse en la imposibilidad de comunicar sus deseos a los demás, prestando apoyo a la persona que así lo desee para poder llevar a cabo un proceso de planificación anticipada, donde se indique el momento en que la directiva entrará en vigor o dejará de tener efecto.

Este punto es de gran importancia pues reconoce el principio de la autonomía de la voluntad, aceptando el derecho que toda persona tiene para autorregular lo que desea que acontezca en

---

8 Ángel Sánchez Hernández, "Las personas con discapacidad intelectual en el ejercicio de su capacidad jurídica: de la incapacitación al apoyo", en *La reforma en favor de las personas con discapacidad* (Madrid: Editorial Dykinson, 2023) pág. 31.

caso de presentarse una discapacidad; qué tipo de apoyo habrá, quién y cómo se prestará, a partir de cuándo, cómo puede terminar, etc. Lo que ya está contemplado en el artículo 446 del Código Nacional de Procedimientos Civiles y Familiares, que en lo conducente dice: "Si hubiere realizado una designación anticipada de apoyos, se estará a su contenido".

SALVAGUARDAS

Están contempladas en los numerales 20, 21 y 22. En el primero menciona la obligación de crear salvaguardas adecuadas y efectivas para el ejercicio de la capacidad jurídica, debiéndose garantizar el respeto de los derechos, la voluntad y las preferencias de la persona. En el 21 se dice que cuando a pesar de haber hecho un esfuerzo considerable no sea posible determinar la voluntad y las preferencias de una persona, la determinación del "interés superior" debe ser sustituida por la "mejor interpretación posible de la voluntad y las preferencias". El paradigma de "la voluntad y las preferencias" debe reemplazar al del "interés superior" de los demás.

INFLUENCIA INDEBIDA

Problema serio se presenta en el caso de aquellas personas que dependen del apoyo de otras para adoptar decisiones, ya que son fácilmente manipulables por existir una influencia muy fuerte por parte de quienes están con ellos; pueden ser parientes, amigos y hasta empleados. Se considera que hay influencia indebida cuando la calidad de la interacción entre la persona que presta el apoyo y la que lo recibe presenta señales de miedo, agresión, amenaza, engaño o manipulación; aunque la protección debe respetar los derechos, la voluntad y las preferencias de la persona, incluido el derecho a asumir riesgos y a cometer errores. Este es un aspecto muy preocupante, porque se ve que la persona que vive con alguien que sufre de alguna discapacidad tiene influencia sobre esta. Muchas veces, en ejercicio de la profesión, se nota la manipulación que familiares ejercen sobre personas vulnerables como los ancianos, que empiezan a sufrir de soledad y angustia, y son fácilmente manejables. Es frecuente que en familias donde alguno de los hijos cohabita con un progenitor que padezca de alguna discapacidad, tengan influencia excesiva sobre este, y muchas veces para favorecer sus intereses en contra de los intereses de los hermanos.

En cuestiones financieras, el numeral 23, precisa la obligación de adoptar medidas con inclusión de medidas legislativas, administrativas y judiciales, y otras medidas prácticas para garantizar los derechos de las personas con discapacidad en lo que respecta a las cuestiones financieras y económicas. El criterio de negarles la capacidad jurídica para estas cuestiones debe sustituirse por el apoyo.

El 27 hace referencia a que los regímenes basados en la sustitución de la adopción de decisiones pueden revestir muchas formas diferentes, entre ellas la tutela plena, la interdicción judicial y la tutela parcial; sin embargo, todos esos regímenes tienen ciertas características en común: pueden describirse como sistemas en los que: i) se despoja a la persona de la capacidad jurídica, aunque sea con respecto a una única decisión; ii) alguien que no sea la persona concernida puede nombrar al sustituto que tomará las decisiones, y ese nombramiento puede hacerse en contra de su voluntad; y iii) toda decisión adoptada por el sustituto en la adopción de decisiones se basa en lo que se considera el "interés superior", objetivo de la persona concernida, en lugar de basarse en su propia voluntad y sus preferencias.

Importante lo señalado en los numerales 28, 29 y 47, relativos a la obligación de los Estados parte de reemplazar los regímenes basados en la adopción de decisiones sustitutivas por otros que se basen en el apoyo a la adopción de decisiones; exige que se supriman los primeros y se elaboren alternativas para los segundos. Crear sistemas de apoyo a la adopción de decisiones, manteniendo paralelamente los regímenes basados en la adopción de decisiones sustitutivas no basta para cumplir con lo dispuesto en el artículo 12 de la Convención.

Un régimen de apoyo para la adopción de decisiones comprende diversas opciones de apoyo que dan primacía a la voluntad y las preferencias de la persona y respetan las normas de derechos humanos. El régimen debe proteger todos los derechos, incluidos los que se refieren a la autonomía (derecho a la capacidad jurídica, derecho al igual reconocimiento como persona ante la ley, derecho a elegir dónde vivir, etc.), y los relativos a la protección contra el abuso y el maltrato (derecho a la vida, derecho a la integridad física, etc.). Además, los sistemas de apoyo para la adopción de decisiones no deben regular en exceso la vida de las personas con discapacidad.

Los regímenes basados en la adopción de decisiones sustitutivas, además de ser incompatibles con el artículo 12 de la Convención, pueden también violar el derecho a la privacidad de las personas con discapacidad, ya que los sustitutos en la adopción de decisiones suelen tener acceso a una amplia gama de información personal y de otra índole sobre la persona. Al establecer los sistemas de apoyo para la adopción de decisiones, los Estados parte deben garantizar que quienes presten el apoyo en el ejercicio de la capacidad jurídica respeten plenamente el derecho a la privacidad de las personas con discapacidad.

GUÍA DE FORMACIÓN 19

También son importantes los conceptos que aparecen en la Guía de Formación núm. 19,[9] donde se precisa el alcance de los compromisos que los Estados parte asumieron al firmar la Convención.

Si no son eficaces los organismos encargados de las cuestiones relativas a la aplicación de la Convención o los mecanismos de coordinación, se corre el riesgo de que nada ni nadie se responsabilice de hacer pasar las normas de la Convención del

9 https://www.ohchr.org/sites/default/files/Documents/Publications/CRPD_TrainingGuide_PTS19_sp.pdf

plano internacional al plano nacional con objeto de que tengan realmente sentido.

El artículo 4, número 1, inciso b) de la Convención obliga a los Estados parte a “tomar todas las medidas pertinentes, incluidas medidas legislativas, para modificar o derogar leyes, reglamentos, costumbres y prácticas existentes que constituyan discriminación contra las personas con discapacidad”.

- ✓ Asegurarse de que el término “discapacidad” esté en consonancia con lo que significa en la Convención desde el punto de vista social y de los derechos humanos. En otras palabras, asegurarse de que la “discapacidad” obedece a la interacción entre la “deficiencia” de una persona y un entorno desfavorable.
- ✓ Definir la “discriminación” en consonancia con la Convención. En el artículo 2 se define la “discriminación por motivos de discapacidad” en términos generales.

Para que los derechos tengan sentido deben existir recursos efectivos contra las violaciones, y la legislación debe garantizar que los tribunales estén dotados de autoridad para recibir denuncias en caso de inobservancia de los derechos. Este requisito está implícito en la Convención y se recoge sistemáticamente en el contexto de otros importantes tratados de derechos humanos

Al ratificar la Convención, un Estado monista queda automáticamente obligado por sus principios y objetivos. Los habitantes de ese Estado, incluidas las personas con discapacidad, a quienes se hayan denegado derechos concretos —por ejemplo, porque la legislación interna no es firme en relación con una cuestión— pueden hacer valer la Convención ante un tribunal nacional y solicitar al juez correspondiente que la aplique, y determine que la legislación nacional es inválida.

El juez no tiene que esperar a que la Convención se incorpore a la legislación nacional: la Convención ha sido ratificada, y en principio sus disposiciones son directamente aplicables. Ciertamente el enfoque monista resultará ventajoso siempre que los jueces nacionales sean competentes y estén familiarizados con las normas internacionales y los derechos humanos. Incluso en los Estados donde la Convención no es directamente aplicable, su ratificación o la adhesión a ella alienta a la judicatura a aplicar el derecho interno de manera compatible con la Convención. Al incorporarla al derecho interno, los Estados dualistas permiten a sus tribunales aplicarla en sus fallos.

Goce de los derechos humanos "en igualdad de condiciones". La Convención no pretende crear nuevos derechos para las personas con discapacidad, sino luchar contra la discriminación; es decir, contra las barreras y actitudes que impiden que las personas con discapacidad gocen de sus derechos. La finalidad que en definitiva se persigue es que toda persona, independientemente de que tenga o no una discapacidad, pueda disfrutar de los mismos derechos humanos.

Referente a la *denegación de capacidad jurídica*, precisa que los ordenamientos jurídicos de todo el mundo han considerado —y muchos siguen considerando— que la discapacidad es un motivo lícito para no reconocer como personas ante la ley a ciertas personas con discapacidades intelectuales, mentales o sensoriales, negándoseles la capacidad de adoptar decisiones, formalizar contratos, votar, contraer matrimonio, heredar inmuebles, administrar bienes personales, defender derechos ante los tribunales o elegir tratamientos médicos.

Percepción de que las personas con discapacidad son "especiales". La diferencia primordial entre el enfoque médico/de beneficencia, por una parte, y el enfoque social/de derechos humanos respecto de la discapacidad, por otra, se pone de manifiesto en la diferencia entre el tratamiento *especial* y el tratamiento *inclusivo*. El primero, frecuentemente surge en relación con las personas con discapacidad: niños con necesidades especiales, escuelas especiales, servicios e instituciones especiales. No obstante, la "especialidad" es exactamente de lo que se distancia la propia Convención. El hecho de ser *especial* en el contexto de la discapacidad no es necesariamente gratificante, ya que puede dar lugar a marginación.

Otro ejemplo de cómo las personas con discapacidad han sido consideradas "especiales" con arreglo al enfoque médico/

de beneficencia es el del internamiento en instituciones. Las personas con discapacidad —particularmente las personas con discapacidades psicológicas e intelectuales— frecuentemente han sido internadas contra su voluntad en instituciones psiquiátricas en las que permanecen aisladas de la comunidad y sin libertad para elegir su tratamiento médico. Según el enfoque de derechos humanos, las personas con discapacidad tienen derecho a la libertad en las mismas condiciones que las demás, y la privación de esta no puede justificarse en función de la discapacidad. Está prohibido el internamiento forzado en instituciones u hospitales por dicho motivo; nadie debe ser internado en instituciones en contra de su voluntad a menos que pueda internarse a otras personas de la comunidad sin discapacidad por las mismas razones (por ejemplo, el encarcelamiento como consecuencia de la comisión de un delito y de la sentencia dictada por un juez). Las personas con discapacidad tienen derecho a vivir en sociedad y a elegir cuándo y con quién vivir, en las mismas condiciones que las demás personas.

Las personas con discapacidad no necesitan ser "curadas" antes de acceder a un determinado entorno (la sociedad), sino que es el entorno el que ha de estar uniformemente abierto a todos sus miembros.

La Convención no niega la existencia de deficiencias físicas, mentales, intelectuales o sensoriales (artículo 1); lo que rechaza es un enfoque que limite o excluya la plena participación de las personas con discapacidad en la sociedad a causa de tales deficiencias.

La idea principal que subyace en la Convención es que el enfoque de beneficencia o médico, respecto de la discapacidad, debe ser sustituido por un enfoque social/de derechos humanos.

Respecto a la no internación en instituciones, cabe señalar lo comentado por Philip K. Howard[10] en donde refiere el enorme

---

[10] Philip K. Howard, *The Death of Common Sense. How Law Is Suffocating America* (Nueva York: Random House Trade Paperback Edition, 2011) pp. 164-165.

problema que surgió cuando las instituciones mentales abrieron sus puertas y los pacientes que se consideraron no peligrosos salieron para integrarse a la sociedad. Muchos de los expertos consideraron entonces que esa medida era la acertada, siempre y cuando afuera de esas instituciones se les pudiera atender. El Estado estuvo de acuerdo con cerrar esas instituciones porque significaban un enorme cargo al erario.

Personas enfermas mentalmente, que están sin casa y viven en las calles, se encuentran sin protección porque desconocen los tratamientos que esas instituciones pueden brindarles. La responsabilidad del cuidado de estas personas ha recaído en la policía. Las cárceles y albergues han remplazado a las instituciones que guardaban a los enfermos mentales.

Para muchas personas con discapacidad, la posibilidad de planificar anticipadamente es una forma importante de apoyo por la que pueden expresar su voluntad y sus preferencias, que deben respetarse si llegan a encontrarse ante la imposibilidad de comunicar sus deseos a los demás. Todas las personas con discapacidad tienen el derecho de planificar anticipadamente, y se les debe dar la oportunidad de hacerlo en condiciones de igualdad con las demás. Los Estados parte pueden ofrecer diversas formas de mecanismos de planificación anticipada para tener en cuenta las distintas preferencias, pero todas las opciones deben estar exentas de discriminación. Debe prestarse apoyo a la persona que así lo desee, con el fin de llevar a cabo un proceso de planificación anticipada.

Pese a lo indicado en la Convención, cuando se presenta una incapacidad total, necesariamente se da la sustitución, y aunque se llama *apoyo*, equivale a la *tutela*. Los actos de la persona encargada de prestar el apoyo serán los que el juez haya autorizado, como sucede en la actualidad. José Ángel Martínez Sanchis dice:

> La capacidad jurídica no se apaga de ninguna manera, pues constituye un atributo de la persona. La capacidad jurídica incluye la capacitación para actuar de la que, de acuerdo a la nueva ley, no cabe privar a nadie, porque sería privarle de su

> autonomía, sea la que fuere. Pero, cuando una persona carece de facto de esa autonomía, no hay necesidad de ninguna quita, se instrumenta, si es preciso, un apoyo representativo, que habrá de ejercerse, si es posible, de forma acorde con su voluntad, deseos y preferencias y teniendo en cuenta su trayectoria vital.[11]

El tema es muy importante y por ello en los códigos civiles que se modifiquen deberá atenerse a lo señalado en la Convención, que es norma suprema. En estas reformas habrá que regularse el derecho que todo ser tiene que poder designar un representante, en caso de que devenga una incapacidad, señalando los actos que puede llevar a cabo, las facultades que tendrá, a quién deberá rendir cuentas, la remuneración a la que tenga derecho a percibir, el control o vigilancia y la forma en que esta se llevará a cabo, cómo y cuándo entrará en funciones.

Hay que considerar lo que señala Carlos Bellido González del Campo al citar a Guilarte Martín Calero: "el nuevo modelo se inspira en el respeto de la dignidad de la persona, la protección de sus derechos fundamentales y el respeto de la voluntad de la persona con discapacidad, así como en los principios de necesidad y proporcionalidad de las medidas de apoyo".[12]

Después al referirse al anteproyecto de la ley (española) señala lo siguiente:

1. *Principio de necesidad*: que implica la curatela como única protección judicial permitida y solo cuando el discapacitado no puede o no tenga apoyo necesario para ejercer su capacidad jurídica.
2. *Principio de proporcionalidad*: los jueces pueden dictaminar las medidas de protección y apoyo de acuerdo con este principio que determina que las medidas que puede adoptar un juez deben ser proporcionales a las circuns-

---

[11] Martínez Sanchis, *La autonomía de las personas con discapacidad*, pág. 23.

[12] Carlos Bellido González del Campo, *La capacidad jurídica de las personas con discapacidad. Medidas de origen legal y judicial* (Navarra: Editorial Aranzandi, 2023) pág. 25.

tancias de la persona discapacitada y al apoyo que precisa para ejercer sus derechos. Es decir, el juez determinará cuándo y cómo necesita el apoyo y la ayuda.

3. *Principio de temporalidad y revisión*: las medidas que se tomen no son permanentes, tienen que ser revisadas periódicamente; en el caso de las medidas de apoyo y para las necesidades de las personas discapacitadas, el período de revisión es de un plazo máximo de tres años, y si las características y situaciones en las que se encuentra la persona lo requieran.
4. Se considera que el interés de la persona discapacitada está en su voluntad, deseos y preferencias manifestadas.

Respecto a la voluntad y las preferencias de las personas con discapacidad, López San Luis citado por el mismo autor, en la página 55, señala: "por tanto, el respeto a la voluntad y a las preferencias de la persona ostenta una importancia esencial y sustituye al criterio del mejor interés como parámetro objetivo desde el que decidir por la persona con discapacidad. Así, en el funcionamiento general u ordinario de las medidas de apoyo, la voluntad y preferencias siempre deben ser respetadas". Es más, en los casos excepcionales desde apoyos intensos que impliquen decisiones sustitutivas; estos deberán tratar de reconstruir la voluntad y preferencias de la persona. Por tanto, el estándar de protección sí ha transformado y evolucionando en el sentido de sustituir y cambiar el criterio del *interés superior* por el de *voluntad y preferencias de la persona*, bien expresada por el propio sujeto cuando eso sea posible, buscando la "mejor interpretación posible de la voluntad y preferencias".

De importancia es lo que señala el mismo autor en las conclusiones (página 95) que indican lo siguiente:

> Pero si tomamos la Ley en su conjunto, especialmente en los artículos dedicados a la Guarda de hecho, la Curatutela y el Defensor judicial, veremos que aun cuando se repita, una y otra vez, que la ley ampara el derecho a respetar la libre voluntad y las decisiones de la persona incapacitada, establece una serie de medidas protectoras que, en muchos de los casos significan el control de su

vida, patrimonio y voluntad por una serie de personas que ejercen la función de protegerla y orientarla. Este, a nuestro juicio, es el núcleo de la Ley. Los legisladores no le han dado todo el poder de decisión a la persona discapacitada por cuanto parece que se ha establecido una tutela que puede ejercer el juez y que está por encima de la voluntad de la persona discapacitada.

Comité sobre los Derechos de las personas con Discapacidad. Observaciones finales sobre los informes periódicos segundo y tercero combinados de México[13]

35. Preocupan al Comité, en relación con el párrafo 23 de sus observaciones finales anteriores, las disposiciones del Código Civil Federal y del Código Civil para el Distrito Federal, que contienen normas sobre la incapacidad legal y la tutela de los adultos con discapacidad, a pesar de una sentencia que la Suprema Corte de Justicia de la Nación emitió en 2019. También le preocupan las normas que confieren la tutela de los niños internados a la institución que los acoge. Asimismo el Comité observa con preocupación que en el proyecto de Código Nacional de Procedimientos Civiles y Familiares no se prevén medidas de apoyo que permitan a las personas con discapacidades ejercer su capacidad jurídica y que, en particular, las mujeres con discapacidad, las personas con discapacidad intelectual y las personas con discapacidad psicosocial se ven afectadas de manera desproporcionada por los regímenes de sustitución en la adopción de decisiones.

36. El Comité recomienda que el Estado parte, en consonancia con la Observación General núm. 1 (2014), relativa al igual reconocimiento como persona ante la ley:

a) Se dote de leyes y políticas que reemplacen el sistema de sustitución en la adopción de decisiones por mecanismos de apoyo para la adopción de decisiones que respeten la autonomía, la voluntad y la preferencia de

---

[13] https://hchr.org.mx/wp/wp-content/uploads/2022/10/G2232296.pdf

las personas con discapacidad, y garantice la participación efectiva de las mujeres con discapacidad en la elaboración de leyes y políticas;

b) Revise toda la legislación federal y estatal con vistas a eliminar cualquier restricción de derechos que pueda resultar del estado de interdicción o declararse con motivo de la discapacidad de la persona;

c) Imparta formación a las autoridades, incluidos los tribunales, sobre los requisitos del derecho a la capacidad jurídica de las personas con discapacidad.

En la Gaceta Oficial de la Ciudad de México,[14] del jueves 14 de marzo del 2024, se publicó el *Programa para la Integración al Desarrollo de las Personas con Discapacidad de la Ciudad de México 2019-2024*, del que destaco lo siguiente: el número de personas con discapacidad va en aumento debido al proceso de envejecimiento de la población. Al envejecer, estas personas pueden adquirir otra condición de discapacidad.

Agenda 2030 y los Objetivos de Desarrollo Sostenible

El principio de la Agenda 2030: "No dejar a nadie atrás" implica adoptar medidas de amplio alcance para asegurar que las personas con discapacidad, donde quiera que se encuentren y con independencia de su situación, puedan gozar de sus derechos y participar como agentes y beneficiarios del desarrollo, en igualdad de condiciones, con las demás personas.

De acuerdo con los datos del censo 2020, en la Ciudad de México habitan 1,703,827 personas con discapacidad, lo que representa el 18.5% de la población total, de las cuales el 44.38% son hombres y el 55.61% mujeres. En términos absolutos es la segunda entidad federativa con más personas con discapacidad, la primera es el Estado de México.

---

14 https://data.consejeria.cdmx.gob.mx/portal_old/uploads/gacetas/1eabb2a5ea722af98690d7769e4584bf.pdf

En la Ciudad de México, de acuerdo con la Encuesta sobre Discriminación llevada a cabo en agosto de 2021, la discapacidad es la séptima causa de discriminación. Dentro del grupo de personas con discapacidad, el 79.9% considera que es discriminada por su condición; si a esto se le suman vulnerabilidades como ser una persona indígena, pertenecer a la diversidad sexual, tener la piel morena y/o antecedentes penales, ser mujer, vivir con VIH, entre otras, este porcentaje se incrementa considerablemente.

Muy preocupante es el rubro del presupuesto para el Instituto de las Personas con Discapacidad de la Ciudad de México. Para el ejercicio 2019, el presupuesto ascendió a la cantidad de $28,185,751.00; para el año 2020 solo se asignaron $20,497,937.00; para el ejercicio 2021, el presupuesto fue de $17,209,020.00; en el año 2022 el recurso autorizado fue de $17,393,542.00 y, finalmente, en el año 2023 el presupuesto fue de $17,986,615.00, lo que significa que el presupuesto del Instituto se ha reducido en un 36%, y ha originado que no se logren establecer los suficientes mecanismos sociales, institucionales y jurídicos que garanticen a las personas con discapacidad su participación constante y permanente en todos los ámbitos de la vida diaria.

Cabe precisar que, de acuerdo con la Convención, la guía y las observaciones que se han emitido insisten en que se dé apoyo y no haya sustitución. Lo que se contempla generalmente es que cuando hay una discapacidad total habrá dos alternativas: una en la que el propio sujeto haya regulado lo que desearía en caso de presentarse esta; y otra en la que será necesariamente el juez quien debe señalar el apoyo y los actos que se puedan realizar por cuenta de la persona que sufra la incapacidad.

El problema serio existe; se da cuando la discapacidad es parcial; se presenta paulatinamente por senectud, demencia senil o Alzheimer, y la persona no pide apoyos, quiere actuar o pretende realizar actos que pueden poner en riesgo su patrimonio o vulnerar derechos de terceros. No siempre quien tiene una discapacidad querrá tener apoyos; estos se dan generalmente cuando la discapacidad es sensorial o física, pero cuando se trata de una discapacidad intelectual es difícil precisar los actos que la persona pueda realizar aun con apoyo. Además, como se ha señalado, la discapacidad no se presenta de un día a otro, se desarrolla con el paso del tiempo, y durante ese período es difícil precisar la forma de conocer la voluntad, el deseo y las preferencias de la persona discapacitada para poder contar con los apoyos que ella hubiere requerido o solicitado. Forzosamente, y pese a lo que señala la Convención, cuando se lleva a cabo un acto que requiere formalidad, se realiza ante el fedatario, quien deberá valorar las facultades de los otorgantes, y si notase alguna falla en la comprensión por parte de cualquiera de ellos tendrán que actuar prudentemente, sugiriendo el apoyo; si ni con este se pudiese conocer fielmente la voluntad de algún otorgante, tendrá que excusarse de la celebración del acto.

¿Qué hacer en actos personalísimos como el otorgamiento de un testamento, la celebración de un matrimonio, o en aquellos actos que aun cuando no son personalísimos implican o tienen consecuencias, tanto para el propio sujeto como para un tercero, que podría tomar provecho o beneficio de la operación, como la enajenación de un inmueble, el otorgamiento de un crédito, la constitución de una hipoteca, cualquier acto de disposición o dominio? El notario, juez o tercero que conozcan de ellos, tendrá necesariamente que valorar y estimar si se puede o no otorgar el mismo. a fin de evitar daños y perjuicios.

En otros actos o supuestos ¿qué debe hacerse si una persona con discapacidad quisiera adquirir un arma de fuego? ¿Se puede llevar a cabo la venta o el encargado de la tienda podría negarse? Como se puede apreciar son situaciones en que debe prevalecer el juicio de quien conoce de la misma.

No es tan sencillo reconocer que la capacidad de ejercicio la tiene todo ser, y por tanto puede realizar cualquier acto jurídico, ya que tiene implicaciones y hay intereses en juego. De acuerdo con la Convención se debe respetar la libre voluntad de la persona con discapacidad para decidir por sí misma, aún en contra del interés superior de ella. Por lo que en caso de duda recaerá en el juez la resolución de lo que debe prevalecer. Tan complicado es el tema que hay que tener en cuenta lo señalado en el Amparo en revisión 702/2018,[15] en que fue ponente la ministra Norma Piña, en que se hace un análisis de las disposiciones del Código Civil del Distrito Federal y la Ley del Notariado y diversos puntos referentes a Estudios de los conceptos de violación precisan la interpretación que se debe hacer respecto a la obligatoriedad de la Convención de los Derechos de las personas con Discapacidad.

En el numeral 116, indica que la legislación controvertida es discriminatoria por estigmatizante, pues produce un proceso de deshumanización, degradación, desacreditación y desvalorización de las personas con discapacidad; en el 120, se hace hincapié en que ya ha sido declarado inconstitucional el régimen de incapacidad (interdicción) regulado en el artículo 450, fracción II, del Código Civil para el Distrito Federal; en el 131, se indica que esta Primera Sala arriba a la conclusión que la figura del estado de interdicción no es acorde con la CDPD y no admite interpretación conforme al ser violatoria del derecho a la igualdad y no discriminación, entre otros derechos. El numeral 131, arriba a la conclusión que la figura del estado de interdicción no es acorde con la CDPD y no admite interpretación conforme al ser violatoria del derecho a la igualdad y no discriminación, entre otros derechos; en el 139, se dice que el artículo 12 de la CDPD no permite negar la capacidad jurídica basándose en la deficiencia, esto es, de modo discriminatorio, sino que exige se proporcione el apoyo necesario para su ejercicio; después de hacer un distingo entre capacidad jurídica y mental, en el 141. En el 142, se indica que el hecho que una persona tenga una discapacidad o una deficiencia no debe ser nunca motivo para negarle la capacidad jurídica ni derecho alguno; en el 146, se indica que no se debe negar a las personas con discapacidad su capacidad jurídica, sino

15 https://www.scjn.gob.mx/sites/default/files/listas/documento_dos/2019-09/AR-702-2018-190912.pdf

que debe proporcionárseles acceso al apoyo que necesiten para ejercer su capacidad jurídica y para la toma de decisiones; en cuanto a los apoyos el 151, señala que el sistema de apoyos debe ser diseñado a partir de las necesidades y circunstancias concretas de cada persona, y puede estar conformado por una persona, un familiar, profesionales en la materia. De importancia el tema de las Salvaguardas, y así en el 159, se precisa que éstas tienen como finalidad asegurar que las medidas relativas al ejercicio de la capacidad jurídica respeten los derechos, la voluntad y las preferencias de la persona con discapacidad, así como que no haya conflicto de intereses ni influencia indebida. Resalta que, en el 175, se dice que, bajo el esquema de la Convención, en torno a la capacidad jurídica, resulta inconstitucional e inconvencional, el artículo 102, fracción XX, de la Ley del Notariado, que impone al notario **el juicio de capacidad;** en el 180, se indica que toda persona que viva con una discapacidad tiene capacidad jurídica, que no se puede negar y debe contar con apoyos que le presten ayuda conforme al tipo de deficiencia para poder manifestar su voluntad. Interesante el análisis que figura en el 181, cuando determina que el postulado básico del derecho civil para que la persona realice actos jurídicos que puedan tener existencia y validez jurídica, es la manifestación de su voluntad en forma, libre de vicios que puedan anularla, que resulta primordial su consentimiento en la realización del acto o negocio jurídico, el cual tiene como presupuesto *la capacidad natural de discernir,* de comprender sustancialmente y querer la realización del acto. Luego en el 183, precisa que es necesario e imprescindible el juicio valorativo que debe realizar el notario público en el ejercicio de su función, para advertir, objetiva y razonablemente, si el otorgante presenta alguna manifestación perceptible que pudiere evidenciar que su capacidad natural de discernir sobre el acto jurídico, presupuesto esencial del consentimiento, pudiere estar afectada por alguna aparente deficiencia funcional de tipo psíquico; toda vez que, ningún acto o negocio jurídico podría ser existente y válido sin ese presupuesto de la manifestación de voluntad, y el denominado juicio de capacidad del notario, aunque admite prueba en contrario y pudiere ser derrotado en una instancia judicial, garantiza la seguridad jurídica de que el acto se realizó conforme a la voluntad de los otorgantes; sin embargo en el 184, indica que lo que no se estima compatible con el derecho que establece la Convención en su artículo 12, es que ese juicio del notario sobre la capacidad natural que percibió en el otorgante, se pueda traducir, per se, en el desconocimiento o no reconocimiento de la capacidad jurídica de la persona y la consecuente negativa de celebración del acto ante su fe; sin permitir que la persona con la deficiencia funcional, cuente con los apoyos que requiera para que se logre expresar y conocer su voluntad, es decir, no se opta por eliminación de las barreras que posiblemente pudieran estar impidiendo que se conozca el real querer de la persona en torno al acto jurídico, lo que refuerza en el 185, al preciar que bajo el modelo social de discapacidad acogido en la Convención no se debe llegar al resultado de negar la capacidad jurídica de ejercicio de la persona otorgante a consecuencia de dicho juicio notarial, sino que, se le debe permitir contar con los apoyos necesarios para hacer posible que la persona con discapacidad pueda ser auxiliada con la intensidad que se requiera, al punto en que sea posible conocer cuál es su voluntad, esto, sobre la base de que la diversidad funcional de tipo intelectual o mental varía de una persona a otra, puede tener diversos grados de intensidad o estar determinada o influida también por factores distintos; de manera que sea sólo en forma sumamente excepcional, en casos extremos, que el fedatario, pese a los apoyos que se hayan procurado a la persona y no obstante observar una actitud de auxilio hacia ella, pueda llegar a un resultado de imposibilidad del otorgamiento del acto en la sede notarial, por no haberse logrado conocer su voluntad, y en tal caso, la persona sea reconducida a un órgano jurisdiccional competente que determine en lo conducente y en el 188. Indica que, si bien el examen de capacidad que como condición para la autorización del acto jurídico debe realizar el fedatario, por sí mismo es válido y necesario para garantizar la seguridad jurídica propia de la función notarial; lo que no resulta acorde con el paradigma actual de la discapacidad es que en cualquier caso, con la sola apreciación personal o juicio de valor que realice el notario público del otorgante en torno a su capacidad de discernir (si observa en él —con la interacción que se produzca en su o sus comparecencias—, deficiencias de tipo intelectual o mental o cualquier otra que considere que afecta el discernimiento), se le pueda negar la capacidad jurídica para ejercer por sí mismo sus derechos y negar la celebración del acto ante el fedatario, *sin proporcionarle antes el apoyo que pudiere requerir para expresar su consentimiento*; pues ello trastoca el derecho de las personas con discapacidad al reconocimiento de la capacidad jurídica en igualdad con las demás personas, en tanto no se realizan las acciones necesarias para auxiliarla en la comunicación y demás aspectos necesarios para que pueda manifestar su voluntad. Mas adelante en el 195, establece que, sin embargo, la aplicación efectiva de la Convención en la actuación notarial, necesariamente conlleva que ***el juicio de capacidad*** que debe realizar el notario público *también se ajuste* al entendimiento de la capacidad jurídica de conformidad con el derecho convencional y, en consecuencia, que en la sede notarial también se dé cabida a la integración de ***apoyos y salvaguardias*** a las personas con discapacidad del tipo mental o intelectual, en la medida en que resulte factible conforme a la naturaleza de la función notarial, las facultades del notario, así como la naturaleza, alcances e implicaciones del concreto acto jurídico en el que esté involucrada como otorgante una persona con discapacidad y que se le pida protocolizar. Lo que implica como se indica en el 196, que el fedatario público, admita que la persona con discapacidad que pudiere requerir de apoyos para manifestar y/o conocer su voluntad cuente con ellos, ya sea que tales apoyos ya hayan sido designados por una autoridad jurisdiccional; que la propia persona los elija y los designe ante él; o bien, que dichos apoyos se determinen con la asesoría y/o gestión del propio notario. En el 197, impone que el notario público ha de procurar que los apoyos que se brinden sean los adecuados para ese fin y debe asentar en el instrumento la forma en que intervinieron los apoyos y cual fue la voluntad expresada; en el 198, se quiere que el notario brinde o facilite el acceso al apoyo para conocer la voluntad del otorgante y que no exista conflicto de intereses, o influencia indebida. Pero llegamos al punto relevante en el numeral 199, que dice y sólo en caso de que agotados los apoyos posibles, o de que estime que subsista algún conflicto de intereses o influencia indebida, el notario público considere que no fue posible conocer cuál es la voluntad de la persona respecto del acto jurídico que ante su fe se pretendió celebrar podrá negar la autorización del instrumento, reconduciendo a la persona con discapacidad al órgano jurisdiccional competente para solicitar que se establezca el sistema de apoyos y salvaguardias necesarios para establecer su voluntad respecto del acto jurídico de que se trate. De esta resolución destaca la dificultad del tema y como es necesario el juicio de valor que el fedatario tiene que hacer y, los apoyos que en su caso tiene que proporcionar.

¿Cómo se ha actuado en los casos en que se ha presentado una discapacidad o minusvalía de algún miembro de la familia?

Los padres, hermanos, tíos o amigos que deseen proteger los intereses y derechos del discapacitado lo pueden hacer mediante diversos procedimientos: la constitución de un fideicomiso, en la que destinan bienes o recursos para el cuidado, manutención, gastos y seguros de la persona discapacitada, nombrando un comité técnico que instruirá a la fiduciaria sobre la forma de actuar en pro del beneficiario; a través de donaciones o afectación de bienes en favor de la persona que sufra o que padezca de alguna discapacidad, casos en que el donante o afectante impone límites, condiciones y modalidades que protejan al discapacitado, como la donación de un bien, señalando que el ejercicio o la facultad de dominio sobre el bien donado solo podrá ejercerse mancomunadamente con la o las personas que haya determinado; constituyendo usufructo o derechos de uso y habitación en favor de la persona discapacitada; imponiendo una carga o pensión vitalicia a los demás hijos en favor de la persona que sufra de alguna incapacidad. Si se tratara de cuentas bancarias o inversiones, su disposición solo será con firma mancomunada de otras personas y con reglas claras en que se limite esta facultad.

En estos casos no existe problema alguno, pues los bienes donados o afectados son de un tercero que puede imponer las cargas y condiciones que estime pertinente puesto que no tiene obligación alguna de donar, y el acto que realice es en beneficio de la persona que sufre la discapacidad. También al otorgar un testamento, el testador puede legar bienes a la persona discapacitada imponiendo las cargas y limitaciones que desee por tratarse de una liberalidad. Podría, igualmente, legar el usufructo, el uso o la habitación de bienes; imponer a herederos la carga del cuidado del discapacitado con el pago de una pensión vitalicia, etc. Como se puede apreciar, existen muchas maneras de lograr la protección del discapacitado cuando los bienes provienen de un tercero.

Es difícil que una ley prevenga todas las situaciones que se pueden presentar y acontecer. Algunos tratadistas, en las Observaciones de la Convención, opinan que es factible que el propio sujeto, pese a la valoración que puedan hacer los demás, esté posibilitado para llevar a cabo el acto aun en su perjuicio, ya que es el propio sujeto el que debe tomar sus decisiones por tener capacidad, aun cuando a juicio o parecer de otros resulte poco convincente o perjudicial. Se insiste mucho en la Convención la preferencia a la libre voluntad de la persona en la toma de decisiones, considerando que todos gozamos de plena capacidad.

Carlos Bellido González del Campo señala lo siguiente al respecto:

> El alcance que, para la Convención de Nueva York (2006) y, consecuentemente para la legislación española en la materia adoptada por la ley 8/2021, alcanza un punto que ni en la Convención ni en la legislación derivada de ella están suficientemente aclaradas y es la colisión de dos principios: la voluntad de la persona con discapacidad para decidir por sí misma y el interés superior de la persona.[16]

De gran trascendencia es la exteriorización de lo que queremos y de las medidas restrictivas, de apoyo o límites que las

16 González del Campo, *La capacidad jurídica de las personas con discapacidad*, pág. 54.

personas o el juez pueden señalar. Por ello hay que pensar en registros ágiles que permitan conocer de ellos. Recordemos que la Ley de Voluntad Anticipada obligaba a dar aviso a la Coordinación Especializada cuando se otorgaba esta declaración; aviso que quedó sin efecto al abrogarse esta ley y promulgarse la Ley de Salud de la CDMX. De los informes obtenidos y de los avisos que dieron notarios y centros médicos consta que fueron muy pocos. Del año 2000 a la fecha de la abrogación de la ley, no hubo más de 10 mil. Igualmente, cuando alguna persona nombra un tutor cautelar —institución que ya quedó eliminada con la reciente reforma al Código Civil— se debía dar un aviso al Archivo General de Notarías (AGN) (artículo 127 de la Ley del Notariado de la CDMX). Según datos del AGN, de 2007 a esta fecha han recibido 1,332 avisos, lo que refleja que una mínima parte de la población acude a esta institución pese a los esfuerzos y publicidad que se ha hecho para promover la misma.

Lo que importa, y será en beneficio de todos, es contar con una base de datos confiable que nos permita conocer si alguien cuenta con apoyos y salvaguardas; si tiene alguna restricción, limitación o discapacidad; si ha hecho voluntad anticipada, otorgado testamento, etc., datos que son muy sensibles, por lo que su acceso y consulta deberá ser siempre restringida, debiendo señalarse la persona que lo solicita, el motivo, la causa, etc. Hoy contamos con la ayuda de la inteligencia artificial (IA), que nos permite llevar a cabo estos registros con las seguridades que queramos. La legislación española indica que estos datos deben constar en el Registro Civil de la persona, y en algunos casos en el Registro de la Propiedad. Lo mejor será contar con un registro ágil, que al fin es una base de datos, que pueda funcionar a nivel federal, y que pueda unificar todo lo que debe constar en el mismo. Si fuera en el Registro Civil, cada estado lo regularía en forma individual y sería más difícil adecuar y unificar todos. Con la IA podremos lograrlo de manera segura, eficaz y rápida.

Como ya se mencionó, cuando la discapacidad es leve el asunto se vuelve más complejo, delicado y conflictivo porque pueden presentarse situaciones diversas y controvertidas; no todas las discapacidades son iguales, y versan sobre distintos temas; además, hay que tener presente lo que la propia Convención señala en el artículo 12, inciso 4:

> Los Estados Parte asegurarán que en todas las medidas relativas al ejercicio de la capacidad jurídica se proporcionen salvaguardias adecuadas y efectivas para impedir los abusos de conformidad con el derecho internacional en materia de derechos humanos [...] que no haya conflicto de intereses ni influencia indebida, que sean proporcionales y adaptadas a las circunstancias de la persona.

Lo que obliga a ser extremadamente cuidadoso cuando están en juego los derechos y patrimonio de alguien con alguna discapacidad. Por ello es de enorme trascendencia que existan registros ágiles y confiables que nos permitan conocer las restricciones, limitaciones y deseos.

Lo más conveniente, como se ha insistido, es que el propio individuo prevea y reglamente lo que quiere mediante la declaración de voluntad anticipada, el nombramiento de quien o quienes deben prestar el apoyo y la forma de hacerlo, previendo de antemano su propia autotutela y las facultades que tendrá la persona que realizará el apoyo; podrá ser a través de un contrato de mandato, en donde se precisen las facultades que tendrá el mandatario; o bien, mediante el otorgamiento de un poder permanente en que se confiera al apoderado las facultades que tendrá y los actos que podrá llevar a cabo, precisando que será vigente pese a la incapacidad del poderdante. En el mismo podrá estipularse que el poder surta efectos desde el otorgamiento o al momento en que la incapacidad se presente. Tanto en el mandato como en el poder podrá señalarse la forma y medio de demostrar que la incapacidad ha aparecido; por ejemplo, accidentes en que se pierde la conciencia, certificación de un comité de determinado centro médico, valoración de determinados especialistas, y en ese momento la persona a la que se le hubiere conferido el poder podrá empezar a ejercer el mismo, o desde el momento del otorgamiento si así lo dispuso el poderdante. De importancia precisar la manera en que se rendirá cuentas y ante quien, ya que si el otorgante cae en incapacidad total no podrá recibirlas.

Antes de la Convención era discutible que se pudiera señalar que el tutor cautelar entrara en funciones en el momento en que determinada persona o institución hiciera constar la incapacidad, ya que toda persona se suponía capaz hasta el momento en que un juez dictara sentencia de interdicción. Al desaparecer ésta, será la propia persona la que pueda prever y establecer el mecanismo que libremente determine para señalar el momento en que la persona que preste el apoyo entre en funciones.

Si la persona no previó la persona que le apoyará, se deberá ir al procedimiento judicial, pidiendo al juez que nombre a una persona que pueda prestar el apoyo, que es lo que el Código Nacional de Procedimientos Civiles y Familiares señala en el artículo 446.

Es aconsejable que en el mismo instrumento que regule la autoprotección se incorpore el de voluntad anticipada, y así, en un solo documento, pueden constar las normas y disposiciones para el caso de presentarse una discapacidad, enfermedad terminal o accidente. Cabe precisar que esto ya es hecho por varios notarios en la actualidad. La voluntad anticipada no debe ser solo para el caso de presentarse una enfermedad terminal, se puede prever también con motivo de accidentes y pérdida de memoria, entre otros.

Con la longevidad se presentan problemas que no siempre son fáciles de resolver; se tienen que solventar con criterio y prudencia. Es usual que cuando las personas envejecen empiecen a tener problemas de pérdida de la memoria, demencia senil y Alzheimer,[17] entre otros deterioros que se van presentando paulatinamente. Si una de ellas quiere testar, es proba-

---

[17] Interesante es el artículo que apareció en *The Economist* respecto a la posibilidad de detectar dicho mal. https://healthmatters.nyp.org/what-to-know-about-a-blood-test-for-alzheimers-disease/

ble que pueda ser influenciada o manipulada por parientes, amigos o conocidos. El notario que conozca del asunto tendrá que ser cauto para valorar si puede o no actuar. Son temas muy delicados y sensibles que no tienen una solución simple. Hay que tener habilidad para ir valorando, poniendo interrogantes, dudas, cuestionamientos para conocer la voluntad del otorgante; formular diversas preguntas como ¿quién es el presidente? ¿Cuándo fue la independencia? ¿Por qué pretende heredar a un hijo y no a otros? Al leer las generales del otorgante, cambiar el mes, día y año para apreciar si el tiene plena conciencia; comentar que un presidente del pasado es el actual, etcétera.

Como siempre acontece, las opciones las aprovechan los que cuentan con mayor preparación y recursos. Es importante que toda la ciudadanía tenga información y conozca los beneficios de regular su autoprotección. Dependerá en cada caso la forma que ésta se otorgue, atendiendo a sus deseos incluyendo salvaguardas, límites, condiciones, vigilancia, rendición de cuentas y la forma de llevarla a cabo.

Nuestro país, para cumplir con la Convención de los Derechos de las Personas con Discapacidad de 2006, en Nueva York, empezó a reformar y adecuar ciertos ordenamientos legales, empezando con la promulgación del CNPCF, sin que se hayan modificado todos los códigos civiles de los estados. El Código Civil para el Distrito Federal fue recientemente reformado. Valdría la pena hacer un análisis de la conveniencia de unificar ciertas leyes civiles y familiares para que su aplicación fuera la misma en todo el territorio nacional. Obviamente esto implicaría una reforma constitucional.

Respecto a las reformas al Código Civil para el Distrito Federal, de acuerdo al Decreto para su Homologación publicado en la gaceta oficial de la Ciudad de México el pasado 29 de noviembre de 2024, y la entrada en vigor, en distintas fechas del Código Nacional de Procedimientos Civiles y Familiares y al CNPCF cabe hacer los siguientes comentarios:

CNPCF, artículos 445 a 455

En el artículo 2. ° transitorio se dispuso la forma en que entraría lo dispuesto en el decreto que aprobó el Nuevo Código[18] y en la Gaceta Oficial del Congreso de la CDMX, de 3 de julio de 2024, donde se dispuso la forma en que entraría en vigor.[19]

---

[18] La aplicación de lo dispuesto en el Código Nacional de Procedimientos Civiles y Familiares previsto en el presente Decreto entrará en vigor gradualmente, como sigue: en el Orden Federal, de conformidad con la Declaratoria que indistinta y sucesivamente realicen las Cámaras de Diputados y Senadores que integran el Congreso de la Unión, previa solicitud del Poder Judicial de la Federación, sin que la misma pueda exceder del 1o. de abril de 2027. En el caso de las Entidades Federativas, el presente Código Nacional, entrará en vigor en cada una de éstas de conformidad con la Declaratoria que al efecto emita el Congreso Local, previa solicitud del Poder Judicial del Estado correspondiente, sin que la misma pueda exceder del 1o. de abril de 2027. La Declaratoria que al efecto se expida, deberá señalar expresamente la fecha en la que entrará en vigor el Código Nacional de Procedimientos Civiles y Familiares, y será publicada en el Diario Oficial de la Federación y en los Periódicos o Gacetas Oficiales del Estado, según corresponda. Entre la Declaratoria a que se hace referencia en los párrafos anteriores, y la entrada en vigor del presente Código Nacional de Procedimientos Civiles y Familiares, deberán mediar máximo 120 días naturales.

[19] I. En materia civil:

A. A partir del 1 de diciembre de 2024, para la promoción de controversias tramitadas en el juicio especial hipotecario oral y en el juicio especial de arrendamiento inmobiliario oral, así como sus procedimientos preparatorios, recursos y medios de defensa, conforme a la dispuesto en el Código Nacional de Procedimientos Civiles y Familiares.

B. A partir del 1 de junio de 2025, para la promoción de cualquier procedimiento y controversia tramitados por jurisdicción voluntaria, providencia precautoria, ejecutivo civil oral, así como sus procedimientos preparatorios, recursos y medios de defensa, conforme a lo dispuesto en el Código Nacional de Procedimientos Civiles y Familiares.

C. A partir del 15 de noviembre de 2025, para la promoción de controversias y procedimientos tramitados en la vía ordinario civil oral, vía de apremio y demás juicios faltantes, así como sus procedimientos preparatorios, recursos y medios de defensa, conforme a lo dispuesto en el Código Nacional de Procedimientos Civiles y Familiares.

D. A partir del 15 de noviembre de 2025, para la aplicación supletoria del Código Nacional de Procedimientos Civiles y Familiares, en los asuntos tramitados conforme a la Ley Nacional de Extinción de Dominio,

Breve referencia a lo dispuesto en ese ordenamiento:

- Los CC de los estados deberán regular las modalidades para las que preste el apoyo, los que se podrán prestar aún en actos personalísimos (artículo 445).
- Determina que, en casos extremos y previos los exámenes y estudios que se consideren pertinentes procede la designación de apoyos. El procedimiento extraordinario es ante juez civil o familiar. Igualmente se contempla la facultad que se tiene para que toda persona pueda prever su propia autoprotección, en caso de caer en discapacidad (artículo 446).
- Para la designación de la persona que preste el apoyo se atenderá la relación de convivencia, confianza, amistad, parentesco que se tenga con el discapacitado. Se deberá dar vista al Ministerio Público. Por falta de estas personas se nombrará a la persona física o moral que promuevan apoyos, conforme a la regulación de los CC (artículo 447).

Código de Comercio y demás leyes especiales mercantiles o civiles, aplicables en la Ciudad de México.
II. En materia familiar:
A. A partir del 1 de diciembre de 2024, para la promoción de procedimientos de jurisdicción voluntaria, en todas sus modalidades; cualquier controversia familiar en la que no se platee el divorcio; aquellos conflictos que se atiendan mediante la justicia restaurativa; así como sus respectivos procedimientos preparatorios, recursos y medios de defensa, conforme a la dispuesto en el Código Nacional de Procedimientos Civiles y Familiares.
B. A partir del 1 de junio de 2025, para la promoción de cualquier procedimientos y controversias distintas a los señalados en el inciso anterior, a excepción de procedimientos sucesorios, incluyendo sus respectivos procedimientos preparatorios, recursos y medios de defensa, regulados en el Código Nacional de Procedimientos Civiles y Familiares.
C. A partir del 15 de noviembre de 2025, para la promoción de controversias y procedimientos sucesorios testamentarios o intestamentarios, incluyendo recursos y medios de defensa, regulados en el Código Nacional de Procedimientos Civiles y Familiares.

- Cualquier persona puede solicitar el apoyo extraordinario para quien padezca de alguna discapacidad (artículo 448).
- Al designar el apoyo, el juez determinará la temporalidad, alcance y responsabilidad de quien preste el apoyo, con las salvaguardas que determine pertinentes y con el aviso a la autoridad administrativa que proceda. El apoyo extraordinario no puede ser para actos personalísimos (artículo 449).
- La forma en que debe actuar quien preste el apoyo (artículo 450).
- Debe haber revisiones periódicas a fin de verificar que quien preste el apoyo cumpla con su mandato, se vea la pertinencia de la continuidad o modificación y se constate si persiste la discapacidad (artículo 451).
- Cualquier persona que tenga prueba de que el apoyo no se está prestando adecuadamente puede hacerlo del conocimiento del juez (artículo 452).
- Los fedatarios públicos no pueden realizar actos que no estén previamente autorizados cuando existan apoyos extraordinarios (artículo 453).
- Conflicto de interés de las personas que puedan prestare apoyo (artículos 454 y 455).

REFORMA AL CÓDIGO CIVIL PARA EL DISTRITO FEDERAL Y A LA LEY DEL NOTARIADO[20]

Como antecedente de las reformas está la iniciativa presentada en el año de 2023. No se logró lo que se pretendió, pues la reforma quedó corta en las expectativas deseadas. Tuvo mejoras, pero no fueron lo óptimo.

---

[20] https://data.consejeria.cdmx.gob.mx/portal_old/uploads/gacetas/cc1b2574fd3cfeb45b31804ab786444e.pdf

La materia que nos ocupo está dividida en dos capítulos. El primero referente a la designación anticipada de apoyos y el segundo a la designación de apoyos.

El tema como hemos venido indicando no es fácil de regular, porque es muy casuístico y difícil de plasmar en un texto legal. Como pudimos observar en la resolución de la Suprema Corte, hace referencia a muchos puntos, pero al igual que la Convención, el CNPC y F, precisan que en casos que no puede obtenerse ni con apoyos la voluntad de una persona, se le tienen que brindar apoyos, que queramos o no corresponden a lo que era la interdicción. El problema se agudiza con el envejecimiento de la población en que van presentándose casos de demencia senil, Alzheimer y otros padecimientos.

En cuanto a la designación anticipada de apoyos, que creo que pocos la harán, por la información que ya se comentó respecto al nombramiento de tutor cautelar, los notarios tendrán que ser muy cuidadosos en su redacción, porque existen muchos puntos a observar y dependerá de lo que quiera el otorgante. Así, en el artículo 24 A se indica que en la designación de apoyos se deberán establecer la forma, alcance, duración y directrices que deberán cumplir las personas designadas como apoyo. Deberá precisarse el momento o las circunstancias que den lugar a que las directrices entren en vigor, y las salvaguardas que se quieran establecer. Por lo que se podrá indicar que el apoyo empiece cuando exista la constancia que emita algún facultativo, un comité, instituto de salud, cuando ocurra un accidente, un acontecimiento que impida que el otorgante pueda comunicarse, entre otros supuestos.

Si se dice que todos gozamos de capacidad. ¿Quién podrá determinar y de qué manera que los apoyos entran en vigor, por la discapacidad del otorgante? Será entonces el propio otorgante, en uso del derecho del principio de la autonomía de la voluntad quien tendrá que prever todas estas circunstancias. Será aconsejable que también se precise las facultades de quien preste el apoyo, y que éstas durarán pese a la incapacidad del otorgante. Por lo que estaremos en presencia de un poder permanente, que subsistirá aun cuando el otorgante no goce de sus facultades plenas. Que bueno hubiera sido, que la reforma al Código Civil hubiera incluido, como se sugirió, la modificación al capítulo del mandato y poder para que éstos pudieran ser permanentes. Se deberá decir a quien rendir cuentas y la forma de hacerlo; la remuneración de quien preste el apoyo, si se puede o no delegar las facultades conferidas, etc. Conveniencia de establecer salvaguardas y como operarán; si habrá o no sustitutos y si se desea que haya revisión y la forma de hacerla.

Dentro del capítulo segundo, de la designación ordinaria de apoyos, se enuncian las mismas diciendo que son las necesarias para para ayudar a cualquier persona para ejercer sus derechos en todos los aspectos de su vida, resaltando en el tema que nos ocupa, la de la fracción II, del artículo 24 E, referente al apoyo en la comunicación, la comprensión de los actos jurídicos y sus consecuencias, y la manifestación de la voluntad. Todos estos apoyos deben servir para que el apoyado pueda tomar decisiones atendiendo a su voluntad y preferencias. Igualmente se podrán establecer salvaguardas adecuadas y efectivas para impedir abusos, que no haya influencia indebida y que sean proporcionadas y adecuadas, como precisa el artículo 24 F. ¿cómo poder lograr que no exista influencia indebida? Las personas mayores, son muy manipulables e influenciables, además tienen miedo de ser relegados o abandonados. Se dice igualmente que estos apoyos deben prestarse favoreciendo el desarrollo en la toma de decisiones.

Pareciera que mucho de la reglamentación es como si al designarse la persona que prestará el apoyo, ésta actuará en lugar del apoyado, caso en el cual, lo que se está dando como apoyo es un poder. Tan es así, que en el artículo 24 G, se dice que cuando se utilicen para el otorgamiento o celebración de un acto jurídico deberá otorgarse en escritura pública si el negocio para el que se confiere las medidas de apoyo sea superior al equivalente a mil veces UMA (unidad de cuenta de la Ciudad de México) y deberán precisar la persona designada como apoyo; sus funciones; duración y en su caso las salvaguardas que se deseen. La forma en que está reglamentado el apoyo para el otorgamiento o celebración de actos jurídicos equivale a un poder. Pondré un ejemplo. Si alguien solicita apoyo para llevar a cabo la venta de un inmueble, y quiere designar a un pariente o amigo para que lo apoye, como excede el negocio de mil UMAS, deberá hacerlo constar ante notario, lo que resulta ilógico, ya que podría celebra la compraventa, con alguien que lo apoye, sin que conste previamente el apoyo en una escritura. Además, como dispone la parte final del artículo 24 E, las medidas de apoyo deben prestarse favoreciendo el desarrollo del proceso en la toma de decisiones de la persona, de acuerdo con su voluntad y preferencias, y lo que pareciera con la reglamentación en comento, es que el apoyador es el que actúa en vez del apoyado. Los apoyos pueden ser solicitados por el propio interesado o por terceros.

En el artículo 24 K se establecen las obligaciones de los que presten apoyo, que en mucho son las de los apoderados.

No existe seguridad plena al no contar con registros donde poder conocer si existen o no apoyos; si hay límites o prohibiciones que se quieran establecer. He insistido en la creación de sitios donde puedan constar los apoyos y aquellas medidas que se consideren pertinentes donde se podrá conocer si existe o no apoyo, sus límites, prohibiciones, salvaguardas.

Otro tema importante, que no se reguló fue el procedimiento ágil y expedito para poder denunciar el abuso a personas que sufran de alguna discapacidad, si bien el artículo 452 del CNPCF prevé que cuando alguien tenga prueba que el apoyo no se está prestando adecuadamente pueda acudir ante un juez. Hay que encontrar soluciones rápidas y eficaces aprovechando toda la tecnología. Imperante la innovación.

Se irá viendo en el transcurso del tiempo como los jueces irán resolviendo los temas de que conozcan y a través de sus sentencias se irá creando jurisprudencia que resuelva mucho s de los temas que no se regularon y que darán las pautas a seguir.

BIBLIOGRAFÍA

Cárdenas González, Fernando Antonio. *Incapacidad. Disposiciones para nuevos horizontes de la autonomía de la voluntad*. México: Porrúa, 2008.

Domínguez Martínez, Jorge Alfredo. *Incapacidad de ejercicio y discapacidad*. Colección de Aportaciones. México: Escuela Internacional de Derecho y Jurisprudencia, 2023.

González del Campo, Carlos Bellido. *La capacidad jurídica de las personas con discapacidad. Medidas de origen legal y judicial*. Navarra: Editorial Aranzandi, 2023.

Herranz Ballesteros, Mónica y Nayber Febles Pozo dirs. Proteccion de menores y discapacitados. España: Colex, 2023.

Howard, Philip K. *The Death of Common Sense. How Law Is Suffocating America*. Nueva York: Random House Trade Paperback Edition, 2011.

Martínez Sanchis, José Ángel. *La autonomía de las personas con discapacidad*. Santa Cruz de Tenerife: Kinnamon, 2023.

Sánchez Hernández, Ángel. "Las personas con discapacidad intelectual en el ejercicio de su capacidad jurídica: de la incapacitación al apoyo, en *La reforma en favor de las personas con discapacidad*. Madrid: Editorial Dykinson, 2023, 17-48.

Páginas web

//efaidnbmnnnibpcajpcglclefindmkaj/https://amnistia.codhem.org.mx/wp-content/uploads/sites/4/2022/04/PanelIV_Observacio%CC%81nGeneral31_Comite%CC%81DH.pdf

//efaidnbmnnnibpcajpcglclefindmkaj/https://amnistia.codhem.org.mx/wp-content/uploads/sites/4/2022/04/PanelIV_Observacio%CC%81nGeneral31_Comite%CC%81DH.pdf

//efaidnbmnnnibpcajpcglclefindmkaj/https://www.un.org/esa/socdev/enable/documents/tccconvs.pdf

//efaidnbmnnnibpcajpcglclefindmkaj/https://www.ohchr.org/sites/default/files/Documents/Publications/CRPD_TrainingGuide_PTS19_sp.pdf

chrome-extension://efaidnbmnnnibpcajpcglclefindmkaj/https://hchr.org.mx/wp/wp-content/uploads/2022/10/G2232296.pdf

chromeextension://efaidnbmnnnibpcajpcglclefindmkaj/https://data.consejeria.cdmx.gob.mx/portal_old/uploads/gacetas/1eabb2a5ea722af98690d7769e4584bf.pdf

https://healthmatters.nyp.org/what-to-know-about-a-blood-test-for-alzheimers-disease/